¡Sssssshhhhhhhhhhh!

Haz del teatro algo íntimo

Llévalo siempre en el bolsillo

Cubierta y diseño editorial: Éride, Diseño Gráfico
Dirección editorial: ángel jiménez

Primera edición: junio, 2025

La silla voladora
© Eduardo Galán
© VdB, 2025
Espronceda, 5
28003 Madrid

VdB

ISBN: 979-13-87644-03-1
Depósito Legal: M-8460-2025
Diseño y preimpresión: Éride, Diseño Gráfico

Este libro protege el entorno

la silla voladora

(Premio Lazarillo, 1992)

Eduardo GalánFont

Es dramaturgo, guionista, novelista y ensayista español. Miembro de la Junta Directiva y del Consejo de Dirección de SGAE, Vicepresidente 1º de la Academia de las Artes Escénicas y Secretario General de la Asociación de Productores y Teatros de Madrid (APTEM).

Como autor teatral ha estrenado más de treinta obras originales y muchas adaptaciones. Entre las originales sobresalen, entre otras, *La profesora* (*Life lessons/Lecciones de vida* en su estreno mundial en Nueva York con cinco premios internacionales), *La curva de la felicidad, Blablacoche, Maniobras, Historia de 2, La posada del Arenal, Mujeres frente al espejo, Nerón, Mercado de amores, Anónima sentencia, La sombra del poder…* Y entre las adaptaciones figuran, entre otras, *Las guerras de nuestros antepasados,* de Miguel Delibes; *Los pazos de Ulloa* de Emilia Pardo Bazán; *Un marido ideal* y *La importancia de llamarse Ernesto,* de Óscar Wilde; el musical *El fantasma de la ópera,* de Lloyd Weber; *La Celestina,* de Fernando de Rojas; *El caballero de Olmedo,* de Lope de Vega; *El galán fantasma,* de Calderón de la Barca; *El zoo de cristal,* de Tennesse Williams; *Anfitrión,* de Plauto; *Alejandro Magno,* de Racine; *El Lazarillo de Tormes* y *La Regenta,* de Leopoldo Alas Clarín o *Electra,* a partir de textos de Sófocles y Eurípides.

Como novelista ha publicado la novela *La pasión de Alma* y para niños *SOS Salvad al ratoncito Pérez.* Y en 2021 dio a conocer su *Diario de un confinamiento.*

EDUARDO GALÁN

la silla voladora

(Premio Lazarillo, 1992)

Esta obra se representó en el Teatro Sanpol de Madrid,
el 8 de octubre de 1994, interpretada por Rosa Blanca Tena (KIKO),
Yiyo Alonso (GARCÍA -EL PERRO-), Antonio Sarrio (PADRE/CAPITÁN/LEÓN),
Encarna Breis (CARABONITA/PRINCESA/ ALCALDESA)
y Félix Fernández (DEDOSLARGOS/PATA DE PALO/INSPECTOR JEFE DE POLICIA).

Dirección: Luis Araujo.

Personajes
(Por orden de intervención)

PADRE
KIKO
GARCÍA
CARABONITA
DEDOSLARGOS
CAPITÁN PIRATA
PATA DE PALO
LEÓN
PRINCESA
INSPECTOR JEFE DE POLICÍA
ALCALDESA

 2 3

Primera parte
Escena 1

Salón de la casa de KIKO *y de su* PADRE, *el inventor. Por la habitación hay varios inventos, una enorme lavadora, una máquina atacordones, un par de sillones y la silla voladora.* KIKO, *en pijama, está sentado en el suelo. El perro* GARCÍA *está de pie, apoyado en la lavadora. Francisco, el* PADRE, *anda y se sienta de vez en cuando mientras explica su invento. Es de noche.*

PADRE   (*Mostrando su invento.*) ¡Por fin la terminé! Seré famoso, hijos míos.

GARCÍA   (*Burlón.*) Claro que sí, papá.

KIKO   (*Enfadado.*) ¡Que no es tu padre!

GARCÍA   Como si lo fuera.

KIKO   ¡Tú eres un perro!

GARCÍA   Y a mucha honra, enano.

KIKO   ¡Idiota!

GARCÍA   ¡Eh, sin insultar!

Padre	¡Basta ya! ¡Kiko, ni una palabra más!
Kiko	Pero si es él, papá.
García	Kiko me ha insultado, mi amo.
Kiko	¡Mentiroso!
Padre	¡Silencio!
García	(A Kiko.) Eres un niño mimado.
Padre	(A García.) ¡García! ¡Vale ya!
García	Sí, mi amo Francisco.
Padre	Y prestadme atención los dos.
Kiko	Sí, papá.
Padre	Con el dinero que me paguen por este invento podremos irnos de vacaciones a la playa. ¿Qué os parece?
Kiko	¡Jo, qué rollo!
García	¿Adónde quieres ir tú, chaval?
Kiko	Yo no quiero ir a ningún sitio.
García	¡Toma ya! ¡El niño se quiere quedar en casa!
Kiko	No es eso.

PADRE	Entonces, ¿qué es lo que quieres?
KIKO	Poner un circo.
PADRE	¿Un circo?
	(KIKO *asiente.*)
GARCÍA	Tú deliras, chaval.
KIKO	Se llamará «El Circo Volador».
GARCÍA	Definitivamente, te has vuelto loco.
KIKO	Un circo con payasos, trapecistas, leones, equilibristas, magos, ilusionistas, elefantes, monos y hasta un perro... ¡Te harás famoso, García!
GARCÍA	¿Quién? ¿Yo?
KIKO	Imagínate cuando salgas a la pista y yo te anuncie diciendo: «Con todos ustedes, García, el perro hablador». ¡Será fantástico! Todo el mundo te pedirá autógrafos.
GARCÍA	(*Contento.*) ¡Guau! ¡Seré una estrella!
KIKO	¿A que te gusta?
GARCÍA	¡Natural! (*Al* PADRE.) ¿Y tú qué dices, mi amo?

PADRE	(*Con rotundidad.*) Si queréis un circo, pondremos un circo.
KIKO	(*Le da un beso a su* PADRE.) ¡Te quiero, papá!
PADRE	Venderé la patente de la silla voladora y seremos ricos.
KIKO	¿De verdad, papá?
PADRE	Estoy convencido.
GARCÍA	(*Escéptico.*) Recuerda que lo mismo dijiste cuando inventaste la máquina atacordones.
	(*Señala una máquina.*)
PADRE	Pero este invento es distinto.
KIKO	Pues a mí la máquina atacordones me gusta mucho. (*Se acerca a la máquina, se quita las zapatillas de andar por casa, coge unas playeras y se las pone.*) ¿Ves? (*Mientras la máquina le ata los cordones.*) Hace cosquillas y todo.
PADRE	Sí, pero no le interesó a nadie.
GARCÍA	Porque es una tontería como la copa de un pino.
PADRE	(*Sorprendido.*) ¿Qué dices, García?

GARCÍA — Que este trasto no sirve para nada. (*Burlón.*) Una máquina atacordones... ¡Tiene gracia el inventito!

PADRE — ¡Olvídalo! (*Intenta animarles.*) ¡La silla voladora sí que va a ser un éxito, un éxito bárbaro!

GARCÍA — ¿Cómo estás tan seguro?

PADRE — Porque es la única máquina en el mundo capaz de trasladarte a cualquier punto de la tierra en un instante.

KIKO — ¡Eres fantástico, papá!

GARCÍA — (*Todavía escéptico.*) ¿Y este cacharro vuela?

PADRE — (*Desafiante.*) ¿Quieres probarlo? (GARCÍA *niega con la cabeza.*) Venga, siéntate.

GARCÍA — (*Retrocede acobardado.*) No, yo no... Usted, primero, por favor.

PADRE — ¿No tendrás miedo?

KIKO — (*Riéndose.*) García, eres un cobarde, ¡gallina!

PADRE — (*A* GARCÍA.) ¿A qué esperas?

GARCÍA — (*Intenta disculparse.*) Acabo de cenar, mi amo... No quiero que se me corte la digestión.

KIKO   (*Cantando. Burlón.*) Cobarde, gallina, capitán de las sardinas...

GARCÍA   ¡Calla, niño!

PADRE   (*Sienta a* GARCÍA *en la silla.*) No sentirás nada. (*Le muestra un mando a distancia incorporado a un cinturón, que deja colgado en un perchero.*) Puedes hacerla funcionar tú mismo desde el microordenador de la silla o con este mando a distancia de control remoto. En cualquier caso, la silla obedece siempre las órdenes que le transmita el mando a distancia. Así que tranquilo, ¿comprendes?

(GARCÍA *asiente temeroso de que empiece a funcionar la silla.*)

GARCÍA   (*Preocupado.*) Supongo que tú ya la habrás probado, ¿verdad?

PADRE   (*Con intención.*) ¡Cómo voy a arriesgar mi vida! ¡Yo soy un investigador!

GARCÍA   ¡Y yo un perro! ¡No un gato de siete vidas!

PADRE   Necesito un voluntario.

KIKO   Yo, papá, por favor.

GARCÍA   (*Se levanta de la silla.*) Claro que sí. Siéntate, Kiko.

PADRE   Está bien. Lo dejaremos para otro día. Ahora ceno con unos banqueros que tal vez quieran comprarme el invento. No quisiera llegar tarde.

GARCÍA   ¡Eso! ¡Aire! ¡Que se hace tarde!

PADRE   (*A* GARCÍA.) Tú tranquilo, García, que ya he probado la silla vacía y funciona perfectamente.

         (KIKO *se ha sentado en la silla y mira con curiosidad.*)

GARCÍA   (*Humillado.*) ¡Qué perro eres, mi amo!

PADRE   ¡Tú sí que eres un perro!

GARCÍA   ¡Y a mucha honra!

PADRE   (*A* KIKO.) ¡Levántate de ahí ahora mismo! ¡Y no se te ocurra tocar nada en mi ausencia! ¡En manos inexpertas es un peligro!

KIKO   Sí, papá.

PADRE   Confío en tí, García.

GARCÍA   Pues no debería...

PADRE   ¿Cómo?

GARCÍA   Digo que no debería preocuparse. Yo cuidaré de Kiko.

KIKO   Oye, papá, ¿me darás mañana un paseo en la silla voladora?

PADRE   Ya veré...

GARCÍA   (*Curiosea la silla.*) Entonces, con este microordenador se programa el viaje, ¿no?

PADRE   Es muy sencillo. Primero se aprieta el número uno, luego se pulsa el botón rojo. A continuación, se escribe la dirección exacta. Y basta con apretar el botón verde para salir volando. Pero como no se programe bien, se pierde irremediablemente el control de la silla y Dios sabe adónde puede conducirnos.

KIKO   ¡Qué guay!

GARCÍA   ¡Guay del Paraguay!

PADRE   Con mi silla voladora se acabaron los atascos y las prisas. No habrá problemas de aparcamiento.

GARCÍA   ¡Ojalá hayas acertado por una vez en tu vida!

PADRE   (*Lo amenaza con darle un bofetón.*) ¡García!

KIKO	¡Bah! No le hagas caso, papá...
GARCÍA	Eso te pasa por tener un perro que habla.
PADRE	¡Un perro que habla, no!
GARCÍA	¿Cómo que no?
PADRE	Un perro que lleva un collar que yo inventé y que traduce tus ladridos de perro en voces humanas.
GARCÍA	Sin duda, tu mejor invento. ¿Por qué no lo vendes? ¡Te harías rico!
PADRE	¡No me fastidies! ¡Sería insoportable un mundo lleno de perros que hablasen como cotorras!
GARCÍA	¡Ahí me duele!
PADRE	Y como me sigas dando la murga, te quito el collar.
GARCÍA	(*Con chulería.*) Eso será si yo te dejo. (*El* PADRE *se acerca amenazador.*) ¡No! ¡Por favor, no!

(*El* PADRE *le quita el collar.*)

PADRE	Ya puedes gritar todo lo que quieras. (GARCÍA *ladra desconsolado.*) ¿Te vas a portar bien? (GARCÍA *asiente con la cabeza.*) De

acuerdo. (*Le pone el collar.*) ¡Y ten cuidado con lo que dices!

GARCÍA   (*Muy sumiso.*) Sí, mi amado y venerado amo.

PADRE   (*A* GARCÍA.) Cuida la casa, García.

GARCÍA   Siempre a tus órdenes, mi amo y señor.

PADRE   (*A* KIKO.) Y tú, acuéstate pronto. Yo llegaré tarde. (*Asienten los dos, mientras se va retirando de escena.*) Portaos bien.

(*Sale.*)

KIKO   (*Burlón.*) Portaos bien, portaos bien...

GARCÍA   ¡Al fin, solos!

(*Se echan a reír.*)

Escena 2

GARCÍA, *con casco de motorista, está senta-*
do en la silla voladora. Aparece KIKO *comién-*
dose un plátano.

KIKO   ¿Qué haces?

GARCÍA   ¿A que no te atreves?

KIKO   ¿Yo? ¡Claro que sí!

GARCÍA   Venga, siéntate...

(KIKO *se sienta a su lado.*)

KIKO   ¿Pero tú sabes cómo funciona?

GARCÍA   Acaba de explicárnoslo tu padre.

KIKO   ¡Pues adelante, silla voladora!

GARCÍA   ¡No tan deprisa!

KIKO   ¿Y eso?

GARCÍA   Prométeme antes que no le irás con el cuento a tu padre, que luego el que recibe las
bofetadas soy yo.

Kiko	No le diré nada.
García	Prométemelo.
Kiko	Te lo prometo. ¡Pero vámonos de una vez!
García	¡Espera!
Kiko	¿Que pasa?
García	¿No pensarás irte en pijama?
Kiko	(*Se levanta ágilmente.*) Vuelvo enseguida.
García	(*Se levanta.*) Voy contigo. Me peinaré y me pondré colonia. Por si acaso...
Kiko	(*Saliendo.*) ¿Por si acaso qué?
García	Por si acaso nos encontramos con una perrita linda... Pareces tonto, Kiko.

(*Sale llevando consigo el mando a distancia.*)

Escena 3

Entra una pareja de ladrones. Él recibe el nombre de DEDOSLARGOS *y tiene los dedos de las manos muy, pero que muy largos. A ella la llaman* CARABONITA *y, efectivamente, resulta atractiva. Llevan sendas linternas y sacos.*

DEDOSLARGOS   (*Enfoca con su linterna una enorme lavadora.*) ¡Eh! ¡Mira! ¡Ven!

CARABONITA   ¿Qué ocurre?

DEDOSLARGOS   ¡Una lavadora gigante!

CARABONITA   (*Sarcástica.*) Para lo que tú te cambias de ropa...

DEDOSLARGOS   (*Abre la puertecilla de la lavadora.*) Si yo no la quiero. Lo digo porque puede ser que el misterioso invento del que hemos oído hablar esté aquí escondido.

CARABONITA   (*Aparta a* DEDOSLARGOS *para mirar en la lavadora.*) ¡A ver! ¡Nada! ¡Aquí no hay nada! (*Tropieza con* DEDOSLARGOS.) ¡Quita de ahí!

DEDOSLARGOS	Perdona...
CARABONITA	¡Y sigue buscando!
DEDOSLARGOS	(*Sigue buscando, pero tropieza con la máquina atacordones.*) ¡Ay! ¡Qué daño!
CARABONITA	¡Chisss! ¿Quieres que nos descubra la policía?
DEDOSLARGOS	¡Mi rodilla! ¡Me duele!
CARABONITA	¡Pero mira por dónde vas!
DEDOSLARGOS	¿Has visto? ¿Qué puede ser?
CARABONITA	¡Míralo y lo sabrás!
DEDOSLARGOS	No me atrevo. Tiene un agujero muy extraño.
CARABONITA	¡Mete la mano a ver qué hay!
DEDOSLARGOS	(*Mete la mano por la abertura de los zapatos.*) ¡Ayyy!!!
CARABONITA	¡Calla, Dedoslargos!
MAQUINA	La próxima vez, pon tú los cordones. Gracias.
DEDOSLARGOS	(*Muy asustado y señala la máquina.*) Y encima habla...

CARABONITA	¡Que nos pueden oír!
DEDOSLARGOS	Pero mira... (*Y le muestra las manos.*) ¡Atadas!
CARABONITA	(*Riéndose.*) ¡Inútil! ¡No sirves para nada!
DEDOSLARGOS	Por favor, Carabonita, desátame.
CARABONITA	Cuando yo digo que eres tonto... (*Lo desata.*) ¿Quién te manda meter las manos ahí dentro?
DEDOSLARGOS	Tú.
CARABONITA	¿Yo? ¡No me enfades, (*Lo amenaza con darle un bofetón.*) que te caliento el pescuezo!
DEDOSLARGOS	Carabonita...
CARABONITA	¿Qué?
DEDOSLARGOS	Tengo miedo.
CARABONITA	No digas tonterías y sigue buscando.
	(DEDOSLARGOS *encuentra la miniducha de broma. Este invento permite que el chorrito del agua brote hacia arriba o caiga suavemente como una ducha. Dispone para ello de dos botones.*)
DEDOSLARGOS	Mira esto.

CARABONITA   ¿Qué es?

DEDOSLARGOS   ¿No lo ves? (*Aprieta el botón de la ducha.*) ¡Una ducha de juguete!

CARABONITA   ¡Qué graciosa! Trae. (*La coge, pero aprieta el botón del chorrito y se moja la cara. CARABONITA se ríe.*) ¿De qué te ríes, imbécil?

(*Le da un bofetón.*)

DEDOSLARGOS   (*Protesta.*) ¡No hay derecho! ¡Siempre cobro yo!

CARABONITA   ¡Porque eres tonto!

DEDOSLARGOS   Como me vuelvas a pegar, me voy a casa.

CARABONITA   Pues deja de hacer el tonto y busca bien.

DEDOSLARGOS   ¿El qué?

CARABONITA   ¡El invento del que hablaban esos!

DEDOSLARGOS   ¿Y cómo es?

CARABONITA   No lo sé pero tiene que estar escondido aquí.

DEDOSLARGOS   Pero no está.

CARABONITA   (*Se sienta en la silla voladora.*) Déjame que piense...

(DEDOSLARGOS *se sienta a su lado.*)

DEDOSLARGOS (*Tocando los botones.*) ¡Ay qué gracia, si parece una silla galáctica!

(*De pronto, la silla comienza a hacer ruido.*)

CARABONITA ¿Qué haces?

DEDOSLARGOS ¡Ay... que esto se mueve!

CARABONITA ¡No empieces con tus bromas!

DEDOSLARGOS ¡Ay, mi madre, que vamos a desaparecer!

(*Se produce un bello juego de luces, que transmite la idea de movimiento de la silla, como si estuviera volando. Desaparecen de la vista.*)

Escena 4

Nos encontramos en plena calle. DEDOSLAR-
GOS *y* CARABONITA *han caído en dos cubos o
contenedores de la basura. Junto a los cubos,
la silla voladora. De los cubos comienzan a
ser arrojados algunos restos de basura, tal vez,
hojas de periódicos...*

CARABONITA   (*Asomando la cabeza.*) ¡Dedoslargos! ¿Dónde estás? (*Se oye ruido en el otro cubo, pero*
DEDOSLARGOS *continúa sin asomarse.*) ¡Sal
de ahí, que te estoy oyendo!

DEDOSLARGOS   (*Voz en off.*) La silla empezó a moverse sola...

CARABONITA   ¿Sola?

DEDOSLARGOS   (*Voz en off.*) Sí, solita...

CARABONITA   ¿Solita? ¡Ya!

DEDOSLARGOS   (*Voz en off.*) ¿Ya? ¡No! ¡Antes!

CARABONITA   ¡Que salgas, te digo!

DEDOSLARGOS   (*Voz en off.*) Tenía unas lucecitas... y unos
botones... y yo... (*Asoma la cabeza.*) ¿Dón-
de estamos?

CARABONITA	(*A la vez que le arroja a la cara algún resto de basura.*) ¡En la basura, cara de soplagaitas!
DEDOSLARGOS	¡Ahgg! ¡Qué mugre tan asquerosa!
CARABONITA	(*Continúa arrojándole hojas de periódico.*) ¿Quién te manda tocar nada? (DEDOSLARGOS *se esconde otra vez en el cubo.*) ¡Inútil! ¡Que eres un perfecto inútil!

(*Sale del cubo.*)

DEDOSLARGOS	(*Voz en off.*) Lo siento, Carabonita... No tocaré más cosas en mi vida. ¿Estás enfadada?
CARABONITA	No.
DEDOSLARGOS	(*Se asoma de nuevo.*) Entonces, ¿me perdonas?

(*Ante el gesto amenazante de* CARABONITA, DEDOSLARGOS *vuelve a esconderse.*)

CARABONITA	¡Pero sal de ahí, que no te voy a hacer nada!
DEDOSLARGOS	(*Sale del cubo.*) Es que te pones como una fiera.
CARABONITA	(*Grita.*) ¡No digas tonterías! ¡Yo nunca grito ni digo palabrotas!
DEDOSLARGOS	Pero me insultas.

CARABONITA   (*Dulcifica la voz y la expresión de la cara.*) ¿Yo a ti?

DEDOSLARGOS   Sí.

CARABONITA   (*Extremadamente amable.*) Pero si yo soy una mujer cariñosa y educada... ¿A que también soy guapa, Dedoslargos?

DEDOSLARGOS   ¡Fea, muy fea!

CARABONITA   (*Enfadada.*) ¿A que te doy un bofetón, tonto del bote y cabeza de melón? ¡Tonto del higo! ¡Llamarme a mí fea! ¡Tú sí que eres más feo que un elefante patas arriba!

DEDOSLARGOS   ¿Ves cómo me insultas?

CARABONITA   ¡Vamos a dejarlo! (*Acaricia la silla voladora.*) Esta silla vale una fortuna. ¿Te das cuenta?

DEDOSLARGOS   Puede que el trapero nos dé por ella cien monedas.

CARABONITA   ¿Pero qué dices? ¡Una silla que vuela a velocidades ultrasónicas, superrápida y superimpactante! ¡Una silla ultrasupervoladora y extrarrevolucionariante!

DEDOSLARGOS   No te entiendo.

CARABONITA   Ni falta que hace. Pero es la máquina ideal para huir después de un robo. Tú obedece y calla, que eres tonto.

DEDOSLARGOS   ¿A que me voy y te dejo sola?

(*Hace ademán de irse.*)

CARABONITA   ¡Eh, espera! (DEDOSLARGOS, *herido en su orgullo, le da la espalda y trata de esquivarla.*) No, que no eres tonto, Dedoslargos.

DEDOSLARGOS   Pídeme perdón, o me voy.

CARABONITA   Per... (*Y farfulla sin que se entienda nada.*) ¿Ya?

DEDOSLARGOS   No te he entendido.

CARABONITA   ¡Que me perdones, tonto del bote!

DEDOSLARGOS   ¡Me has vuelto a llamar tonto!

CARABONITA   Está bien. ¿Me perdonas?

DEDOSLARGOS   Ahora sí.

CARABONITA   ¿Qué hiciste antes para que la silla echase a volar?

DEDOSLARGOS   Tocar unos botoncitos de esos...

CARABONITA   ¡Unos botoncitos, unos botoncitos! ¿Pero cuáles exactamente?

DEDOSLARGOS   No lo sé. Fue sin querer.

CARABONITA   A ver, siéntate (*Le indica la silla.* DEDOSLARGOS *se sienta.*) Mira bien todos los botones. ¿Cuál apretaste?

DEDOSLARGOS   (*Señalando.*) Este... No, no, fue este otro... No... Creo que fue...

CARABONITA   ¡Déjalo! ¡Aprieta uno cualquiera a ver qué pasa!

DEDOSLARGOS   (*Se levanta asustado.*) ¡Eso sí que no!

CARABONITA   ¡Siéntate!

DEDOSLARGOS   ¡Siéntate tú! Yo no me atrevo.

CARABONITA   No seas cobarde.

DEDOSLARGOS   ¿Y si se pone a volar como antes? (*De pronto, la silla comienza a volar y desaparece ante la sorpresa de* CARABONITA *y* DEDOSLARGOS. *Grita asustado.*) ¿Lo ves? ¡Está loca!

CARABONITA   ¿Qué has hecho?

DEDOSLARGOS   Nada.

CARABONITA   ¿Pero dónde has tocado?

DEDOSLARGOS   En ningún sitio. De verdad, Carabonita.

CARABONITA   No puede haberse ido sola...

DEDOSLARGOS   La silla está embrujada.

CARABONITA   No digas tonterías.

DEDOSLARGOS   Que te digo yo que esto nos pasa por robar cosas raras... ¡Adiós! ¡Me voy, me las piro y ya no estoy!

(*Intenta irse.*)

CARABONITA   (*Deteniendo a* DEDOSLARGOS.) ¡Tú no te vas a ninguna parte!

DEDOSLARGOS   Por favor, Carabonita, vámonos.

CARABONITA   ¿No te da vergüenza ser tan cobarde? (DEDOSLARGOS *niega con la cabeza.*) ¡Tenemos que encontrar la silla! ¡Y tú me vas ayudar!

DEDOSLARGOS   (*Hace como que busca.*) Busco, busco y requetebusco... ¿Ves? Pero aquí no está. ¡Hala, vámonos ya!

CARABONITA   ¡Alto ahí, gallina! (*Lo detiene.*) Lo más probable es que la silla esté programada para regresar a la casa del inventor.

DEDOSLARGOS   ¿Y tú cómo lo sabes?

CARABONITA   Yo no lo sé. Lo supongo. ¡Vamos!

DEDOSLARGOS   ¿Adónde?

CARABONITA   ¡A la casa del inventor! ¡Andando!

(*Echan a andar los dos.*)

Escena 5

En casa del inventor. La silla está en su sitio. KIKO *y* GARCÍA, *vestidos elegantemente, están discutiendo.*

KIKO   La próxima vez ten más cuidado!

GARCÍA   Lo siento. Apreté sin querer el mando a distancia y se fue sola... Pero ya he conseguido recuperarla.

KIKO   ¡Menudo susto!

GARCÍA   Bueno, ¿nos vamos, sí o no?

KIKO   ¡Venga!

GARCÍA   ¿Adónde quieres ir?

KIKO   A casa de mi amigo Luis.

GARCÍA   De acuerdo. Pero siéntate.

KIKO   (*Se sienta.*) ¡Qué sorpresa se va a llevar cuando nos vea aparecer!

GARCÍA   (*Se sienta y trata de recordar.*) Primero, apretar el número uno. Aprieta.

Kiko	¡Apretado el uno!
García	Ahora, el botón rojo.
Kiko	¡Apretado el rojo!
García	Ahora, introducir la dirección exacta. ¿Dónde vive?
Kiko	En la Calle del Mar, número 7.
García	(*Introduce los datos.*) Calle del Mar, número 7. ¿Listo, jefe?
Kiko	Listo, García.
García	Y ahora, el botón verde y despegamos. Adelante. Kiko... ¿A qué esperas?
Kiko	Perdona, estaba distraído.
García	¡Dale!
Kiko	¡Apretado el botón azul!
	(*La silla comienza a hacer ruido y a moverse.*)
García	¡El verde! ¡Te he dicho el verde!
Kiko	¡Has dicho el azul!
García	¡Dije el verde! ¡Verde, de hierba! ¡Verde!

KIKO   ¡Me estoy mareando! ¿Qué pasa?

GARCÍA   ¡Agárrate y no te sueltes!

KIKO   ¡García...!!!

                (*La luz se enciende y se apaga varias veces
                a un ritmo infernal.*)

Escena 6

La silla los ha conducido a un misterioso barco pirata. El CAPITÁN PIRATA *duerme recostado sobre una mesa, en la que hay una botella de vino y un par de vasos; también, un cofre abierto y varias monedas de oro desparramadas por la mesa. Al oír el ruido que produce la llegada de la silla voladora, el* CAPITÁN PIRATA *musita palabras incomprensibles y da un trago.* KIKO *y* GARCÍA *no se mueven. El* CAPITÁN PIRATA *vuelve a dormirse.*

GARCÍA   No digas nada, Kiko...

KIKO   ¿Estás viendo lo mismo que yo?

GARCÍA   Yo no veo nada.

KIKO   ¿Cómo que no ves nada?

GARCÍA   Tengo los ojos cerrados y estoy intentando despertarme.

KIKO   ¡Ábrelos! ¿Qué ves?

GARCÍA   Nada. Porque estamos soñando.

KIKO	Estamos despiertos. Y este es un barco pirata.
GARCÍA	¡Imposible!
KIKO	Y ese es un pirata de verdad.
GARCÍA	¡Qué va! Ese es...un...un... ¡un bombero!
KIKO	¡Rápido! ¡Vámonos!
GARCÍA	(*Apretando los botones de la silla.*) No funciona.
SILLA	Motor caliente. Avería funcional. Esperar cinco minutos.
KIKO	¡Oh, no! (*Golpea la silla.*) ¡Maldita sea!
CAPITÁN	¿Quién anda ahí? (*Los dos callan y se quedan quietos.*) ¿Eres tú, Pata de Palo?

(*Se ilumina el palo mayor del barco y recostado sobre él, se ve a* PATA DE PALO, *semidormido.*)

PATA DE PALO	¿Qué pasa, Capitán?
CAPITÁN	¿Quién está armando tanto jaleo, que no me deja dormir en paz? ¿No serás tú?
PATA DE PALO	No, yo no.

CAPITÁN   ¡Esta Princesa que no hace más que mo-
                 lestar!

PATA DE PALO   Tírala al mar de una vez.

CAPITÁN   No puedo. Es mi novia.

PATA DE PALO   ¡Bah! ¡Olvídala!

CAPITÁN   ¡Y tú cállate también, que no me dejas
                 dormir!

                 (*Empieza a roncar.*)

KIKO   Casi nos descubren.

GARCÍA   (*Se levanta.*) Ven.

KIKO   ¿Qué ocurre?

GARCÍA   Mira.

KIKO   ¿El qué?

GARCÍA   Eso.

KIKO   ¿Qué es eso?

GARCÍA   ¿Pero no lo ves? (KIKO *niega con la cabe-
                 za.*) ¡El tesoro de Barbarroja!

                 (*Señala encima de la mesa.*)

KIKO	¡Es verdad! ¡Un tesoro!
GARCÍA	Tenemos que llevárnoslo.
KIKO	Y se lo daremos a papá, ¿vale?
GARCÍA	A ver si así deja de inventar chismes inútiles y peligrosos.
KIKO	Vamos.

(KIKO y GARCÍA *se acercan sigilosamente a la mesa del* CAPITÁN PIRATA. *Con mucho cuidado rellenan el cofre con las monedas de oro que hay esparcidas sobre la mesa. De repente, el* CAPITÁN PIRATA *salta como el rayo y los coge a cada uno por un brazo.*)

CAPITÁN	¡Alto ahí! ¿Quiénes sois vosotros?
KIKO	Yo...yo...yo...
CAPITÁN	¿Qué hacéis en mi barco? ¿De dónde venís?
GARCÍA	Verá usted, señor pirata Barbarroja...
CAPITÁN	¡Pata de Palo!
GARCÍA	(*Confundido.*) Perdón, señor Pata de Palo...
CAPITÁN	Pata de Palo es ese, ¡imbécil!... (*Lo llama.*) ¡Pata de Palo!
PATA DE PALO	¿Sí, Capitán?

CAPITÁN	¿Qué te parece? (*Y le muestra a* KIKO *y a* GARCÍA. PATA DE PALO *se acerca.*) ¡Ladrones en mi barco!
PATA DE PALO	(*A* KIKO *y a* GARCÍA.) ¡Estáis locos! ¡Robar al mismísimo Barbarroja, el capitán pirata más cruel de los océanos!
CAPITÁN	¿Quién os envía?
KIKO	Nos hemos confundido de camino, señor.
CAPITÁN	(*A* PATA DE PALO.) ¡Tíralos al mar!
PATA DE PALO	¡Comida fresca y tierna para los tiburones!
	(*Los agarra a los dos y los empuja para tirarlos por la borda.*)
CAPITÁN	¡Espera! (*A* KIKO.) ¿Qué es eso?
KIKO	Una silla.
GARCÍA	En ella hemos venido.
CAPITÁN	¿En una silla?
KIKO	Se trata de una silla voladora.
CAPITÁN	No intentes burlarte de mí. ¡Las sillas no vuelan!
GARCÍA	La nuestra sí.

CAPITÁN   (*A voces.*) ¡Princesa! ¡Princesa! (*A* KIKO.)
           ¿Y dices que esta silla vuela?

           (KIKO *afirma con la cabeza.*)

GARCÍA   Y muy deprisa, señor pirata.

PRINCESA   (*Aparece.*) ¿Qué quieres, Barbarroja?

CAPITÁN   ¡Más vino! ¡Rápido! ¿A qué esperas?

           (PRINCESA *observa con curiosidad a* KIKO y
           a GARCÍA.)

PRINCESA   ¿Quiénes sois?

CAPITÁN   ¡Silencio! ¡Aquí sólo pregunto yo! ¡Y ven-
           ga, trae el vino!

PRINCESA   (*Sale.*) Voy.

CAPITÁN   Pata de Palo, siéntate ahí. (*Y señala la silla.
           A* KIKO.) Si no funciona, os sacaré los ojos
           con este cuchillo y luego os tiraré al mar.

PATA DE PALO (*Se sienta. Escéptico.*) Una silla que vuela...
           ¡Qué tontería! ¡Las sillas no vuelan!

CAPITÁN   ¿Y ahora qué? ¿Por qué no vuela?

GARCÍA   Volará cuando yo apriete los botones de
           este mando a distancia.

PATA DE PALO   (*Burlón.*) ¡Alfombrita mágica, volando a la taberna del Pájaro Carpintero en el Puerto de Ormuz!

GARCÍA   ¿Ya, Capitán?

CAPITÁN   ¡Venga! (*La silla se mueve. Ruido. Luces.* PATA DE PALO *y la silla desaparecen.*) ¿Dónde está? ¿Qué has hecho? (*Lo amenaza con una espada.*) ¡Responde!

PRINCESA   (*Que ha presenciado la escena.*) ¿Sois magos?

CAPITÁN   (*Nervioso y preocupado.*) ¡Haced que vuelva inmediatamente!

GARCÍA   ¡Ahora mismo!

          (*Y aprieta los botones del mando a distancia. Nuevamente ruidos y luces. Aparece la silla voladora y* PATA DE PALO, *completamente mojado y con el pantalón roto.*)

PATA DE PALO   ¡Maldito perro! ¡Me las vas a pagar!

          (*Echan los dos a correr, hasta que* PATA DE PALO *coge a* GARCÍA.)

CAPITÁN   ¡Átalos al palo mayor!

          (PATA DE PALO *obedece.*)

KIKO   No hemos hecho nada. Déjanos marchar, por favor.

PATA DE PALO   ¿Que no me habéis hecho nada? (*Muestra los pantalones rotos.*) ¿Y esto?

GARCÍA   (*Burlón.*) Una caricia de un tiburón, señor.

PATA DE PALO   (*Amenazante.*) ¡Cuidado con lo que dices!

KIKO   ¡Déjalo! ¡García no te ha mordido!

PATA DE PALO   Pero me ha tirado al agua y un tiburón casi me come la única pierna sana que me queda.

CAPITÁN   ¡Basta de discusiones! ¿De dónde venís?

KIKO   De nuestra casa.

CAPITÁN   ¡Imbécil!

PATA DE PALO   ¿Los tiro ya a los tiburones?

CAPITÁN   Antes tendrán que responder a mis preguntas. (*A* KIKO.) ¿Quién os envía?

KIKO   Nadie.

CAPITÁN   Está bien. Ya veo que no queréis hablar. ¡Pasaréis toda la noche atados al palo! Al amanecer, me diréis quién os envía o seréis el desayuno de los tiburones!

KIKO   Estamos aquí por un error.

CAPITÁN   ¡Silencio!

PRINCESA   Parecen sinceros.

CAPITÁN   ¡Parecen espías y no se hable más! ¡Os haré
                confesar! ¡Y me diréis cómo funciona vues-
                tra silla mágica si no queréis acabar en las
                tripas de los tiburones! (*A* PRINCESA.) Y tú,
                ven.. ¡Dame un beso!

PRINCESA   (*Lo rechaza.*) ¡Déjame en paz!

CAPITÁN   ¿Por qué estás tan antipática conmigo?

PRINCESA   Porque eres un animal y un grosero.

PATA DE PALO   ¿La ato también a ella?

CAPITÁN   ¡Qué manía te ha entrado con Princesa!
                ¡Déjala en paz!

PATA DE PALO   Lo que tú digas.

CAPITÁN   (*A* PATA DE PALO.) Y vente conmigo. Bebe-
                remos los dos solos en mi camarote hasta
                hartarnos, sin que nos molesten.

                (*Salen los dos.*)

PRINCESA   ¿Quiénes sois?

KIKO   Yo soy Kiko. Y este es mi perro García.

PRINCESA   ¿Cómo habéis aparecido aquí? ¿En la silla?

KIKO   Sí.

PRINCESA   Entonces, ¿os envía algún mago?

KIKO   Nadie nos envía. Mi padre es inventor y ha construido esta silla voladora.

GARCÍA   Pero este se ha confundido al apretar un botón.

KIKO   Eso es todo.

PRINCESA   No os entiendo. Pero es igual. Aquí corréis peligro.

GARCÍA   ¡Y tanto, son unos salvajes!

PRINCESA   Tenéis que escapar.

KIKO   ¿Y esos?

                (*Mira a un lado y a otro.*)

PRINCESA   Por esos no os preocupéis, están borrachos como cubas.

KIKO   Pueden despertarse.

PRINCESA   (*Lo desata.*) Cuando beben, duermen durante horas como hipopótamos... Cuando se despierten, les haré creer que han tenido una pesadilla.

GARCÍA   Si quieres, te puedes venir con nosotros, Princesa.

KIKO   (*Liberado ya de sus ataduras.*) Eso. Vente con nosotros.

PRINCESA   No puedo, vuestra justicia no me aceptará...

KIKO   Yo les contaré que Barbarroja te tenía presa.

PRINCESA   No insistas.

GARCÍA   Su padre es viudo. Tú podrías alegrarle la vida.

KIKO   Papá es inventor, ¿sabes? Inventa muchas cosas, pero nunca las vende.

GARCÍA   Podrías casarte con él.

KIKO   Sí, Princesa. Si te casaras con papá, yo tendría una madre...

PRINCESA   Me encantaría... (*Dudando.*) Pero sería peligroso para todos.

CAPITÁN   (*Voz en off.*) ¡Princesa! ¿Qué voces son esas? ¿Pasa algo ahí fuera?

PRINCESA   Nada, Capitán. (*A* KIKO *y a* GARCÍA.) ¡Rá-
              pido! ¡No perdáis tiempo!

KIKO   Entonces, ¿no te vienes?

PRINCESA   (*Mientras niega con la cabeza, coge el cofre
              de las monedas de oro y se lo da a* GARCÍA.)
              ¡Tomad! Os vendrá bien.

GARCÍA   ¿Te has vuelto loca?

KIKO   No, no es nuestro....

PRINCESA   Sois los primeros que me habéis tratado
              con afecto. Venga, lleváoslo.

CAPITÁN   (*Voz en off.*) ¿Pero qué pasa, Princesa?

PRINCESA   (*Besa a* KIKO.) Eres muy valiente, Kiko. Tu
              padre estará orgulloso de ti. ¡Adiós!

KIKO   (*Se sube a la silla.*) Nunca te olvidaré, Prin-
              cesa.

              (*Con lágrimas en los ojos,* PRINCESA *se di-
              rige hacia el camarote del* CAPITÁN PIRATA.
              GARCÍA *se sube a la silla. De pronto,* KIKO
              se levanta y corre tras PRINCESA, *que sale de
              escena.*)

GARCÍA   ¡Kiko! ¡Vuelve, Kiko!

KIKO   ¡No podemos dejarla con ese salvaje!

(KIKO *sale.*)

CAPITÁN   (*Voz en off.*) ¡El niño!

PRINCESA   (VOZ EN OFF.) ¡Déjalo! ¡No lo toques!

CAPITÁN   (*Voz en off.*) ¡Aparta, Princesa, o te rompo la cabeza!

PRINCESA   (*Voz en off.*) ¡Huye, Kiko! ¡Por lo que más quieras, huye!

KIKO   (*Viene corriendo.*) ¡Vamos, García! ¡Rápido!

(*Se suben los dos a la silla.*)

GARCÍA   ¡Vamos, muévete!

CAPITÁN   (*Aparecien.*) ¡Ya os tengo! ¡No escaparéis!

(*Juego de luces, que indican que la silla está desapareciendo del barco pirata.*)

NARRADOR   ¿Conseguirán escapar Kiko y García de las garras del Capitán Pirata? ¿Conseguirán llegar a casa sanos y salvos con el cofre de oro? ¿Qué estarán tramando los ladrones Carabonita y Dedoslargos? No te pierdas la segunda parte de las emocionantes aventuras de Kiko y su perro García en La silla voladora.

(*Oscuro.*)

Segunda parte
Escena 7

> *Los ladrones entran por el patio de butacas con dos potentes linternas encendidas.*

CARABONITA   Hemos registrado la casa de arriba abajo y no aparece por ninguna parte.

DEDOSLARGOS   ¿Nos volvemos a casa, Carabonita?

CARABONITA   ¡Ni hablar! (*A los niños espectadores.*) Si alguno de vosotros ve la silla, nos avisa, ¿vale? (*Se supone que los niños gritarán* «¡no!».) ¡Cómo que no! ¿Es que no sabéis quién soy yo?

DEDOSLARGOS   Carabonita, la ladrona más temida de occidente. ¡Cuidado con ella!

CARABONITA   Sí, cuidado con ella, que ella soy yo y tengo muy malas pulgas.

(*De pronto se oye ruido y las luces del escenario confirman que está apareciendo* la silla voladora. DEDOSLARGOS y CARABONITA *enfocan con sus linternas y suben al escenario.*)

DEDOSLARGOS   Mira eso. ¿Qué es?

CARABONITA	(*Sube al escenario.*) Vamos a verlo.
DEDOSLARGOS	Parece un fantasma.
CARABONITA	¡No digas tonterías! ¡Y ponte las gafas!
DEDOSLARGOS	(*Se pone las gafas.*) Es que se me pueden romper...
CARABONITA	¿Qué ves ahora?
DEDOSLARGOS	¡Mi madre!
CARABONITA	¿Que ves a tu madre?
DEDOSLARGOS	Digo que tanto buscar la silla y mira dónde está.
CARABONITA	Pero no viene sola. ¡Rápido! ¡Escóndete!
	(CARABONITA *se esconde detrás de la lavadora.*)
DEDOSLARGOS	¿Dónde?
CARABONITA	¡Ahí!
	(DEDOSLARGOS *se esconde detrás del sofá.*)
KIKO	(*Se levanta un poco mareado.*) Por fin en casa...
GARCÍA	¡Y con el tesoro de los piratas!

KIKO   Pobre Princesa...

GARCÍA   No te preocupes por ella. Princesa sabe defenderse.

KIKO   Cuando se lo contemos a papá, no nos creerá.

GARCÍA   (*Deja el cofre sobre una mesa.*) ¡Claro que nos creerá! En cuanto vea el tesoro. (*Abre el cofre.*) ¡Una fortuna, Kiko! Y todo gracias a la silla voladora.

KIKO   Y a Princesa, no la olvides.

GARCÍA   Ahora sí que podremos pasar el día entero en el parque de atracciones y comer todos los helados que queramos.

KIKO   Y poner un circo.

CARABONITA   (*Sale en compañía de* DEDOSLARGOS *con las linternas encendidas y enfocándolos a la cara.*) ¡Vosotros no vais a hacer nada!

KIKO   ¡Eh! ¿Qué es esto?

GARCÍA   ¿Quiénes sois?

DEDOSLARGOS   Ella, Carabonita y yo, Dedoslargos, los bandidos más temidos del mundo entero.

CARABONITA   Conque ya lo habéis oído. ¡El cofre!

GARCÍA   (*Defendiéndolo.*) ¡Y un jamón!

KIKO   (*Dando patadas a* CARABONITA.) ¡Es nuestro!

CARABONITA   ¡Estáte quieto, niño!

                (*Le da un empujón.*)

DEDOSLARGOS   (*Peleandose con* GARCÍA.) ¡Dámelo!

GARCÍA   ¡No!

DEDOSLARGOS   ¡Maldito perro!

GARCÍA   ¡Suéltame!

DEDOSLARGOS   ¡Ay! ¡Me ha mordido!

                (*Pero le quita el cofre.*)

GARCÍA   ¡Mi cofre!

                (*Le da una bofetada y lo empuja con fuerza hasta que* DEDOSLARGOS *cae en la silla voladora.*)

DEDOSLARGOS   (*Al caer en la silla, aprieta sin querer los botones.*) ¡Ya lo tengo! ¡El cofre es nuestro, Carabonita! ¡Ay! ¡Que se mueve otra vez! ¡No!...¡No!

                (*La silla echa a volar. Ruidos y luces. Desaparecen* DEDOSLARGOS *y la silla.*)

GARCÍA   ¡Oh, no! ¡Se llevó el cofre!

KIKO   ¡Nuestro tesoro...!

(CARABONITA *saca una pistola y apunta a* KIKO.)

CARABONITA   ¡Ya está bien de bromas! ¡Niño, ven aquí! ¡Que vengas, te he dicho!

GARCÍA   Obedece, Kiko.

KIKO   (*Se acerca.*) ¿Qué quieres? (CARABONITA *lo agarra de un brazo.*) ¡Ay!

CARABONITA   ¿Dónde está?

KIKO   ¿Quién?

CARABONITA   ¡La silla!

KIKO   No lo sé.

(*Se oye ruido otra vez. Aparece la silla sola.*)

CARABONITA   ¿Y Dedoslargos?

KIKO   Ni idea.

CARABONITA   ¿Pero qué le pasa a la sillita que no hace más que desaparecer y aparecer?

GARCÍA   Está loca.

CARABONITA   (*Amenazante.*) ¿Quién? ¿Yo?

GARCÍA   No, no, la silla.

CARABONITA   ¡Ah, bueno! Creía... (*A* KIKO.) Vamos.

              (*Lo empuja.*)

KIKO   ¡Ay! ¡Me haces daño!

CARABONITA   ¡Que te sientes!

              (*Y le indica la silla voladora.*)

GARCÍA   (*Mientras* KIKO *se sienta.*) Pero mujer, ¿que pretendes?

CARABONITA   (*Se sienta al lado de* KIKO.) Me lo llevo de rehén.

GARCÍA   ¿A este? ¡Con la lata que da!

KIKO   (*Molesto con* GARCÍA.) ¡García!

GARCÍA   ¿Por qué no me llevas mejor a mí?

CARABONITA   Si quieres volver verle, no llames a la policía.

GARCÍA   Mi amo me matará...

              (*Se acerca a* CARABONITA.)

CARABONITA   ¡Atrás o disparo! (*A* KIKO, *le pregunta por la silla.*) ¿Cómo funciona?

KIKO   Apretando esos botones.

GARCÍA   Primero el rojo, luego el verde y finalmente el número uno. (*Ruido y luces. La silla echa a volar. Desaparecen* CARABONITA, KIKO *y la silla. A los espectadores, como hablando solo.*) Se lo ha tragado... Cuando se aprieta el número uno al final, la silla regresa al último lugar en el que estuvo. Así que haré regresar la silla para ir a buscarle. Y cuidar a Kiko, que se lo prometí a su padre.

Escena 8

En la jaula de un LEÓN. DEDOSLARGOS *está agazapado en un rincón. El* LEÓN *duerme en la esquina contraria. La silla voladora aterriza.*

DEDOSLARGOS ¡Chiss! Puede despertarse.

(*Indica al* LEÓN, *que dormita.*)

CARABONITA ¿Y el cofre?

DEDOSLARGOS (*Se lo enseña.*) Mira.

CARABONITA Ven. Sube. Nos vamos.

(*Se levanta y le deja su sitio a* DEDOSLARGOS. DEDOSLARGOS *se sienta y* CARABONITA *se sienta encima de él.*)

DEDOSLARGOS ¡Ay! ¡Me haces daño!

CARABONITA ¡Cállate! (*Señala el* LEÓN.) Si te hago daño, te aguantas.

DEDOSLARGOS Me aguanto y te aguanto encima de mí... ¡Qué remedio!

CARABONITA   (*A* KIKO.) Pon esto en marcha y vámonos antes de que despierte esa fiera.

KIKO   (*Aprieta los botones, pero la silla no se pone en marcha.*) No funciona.

SILLA   Estoy bloqueada por el mando a distancia. Lo siento.

CARABONITA   ¿Pero qué pasa?

KIKO   La silla obedece las órdenes del mando a distancia. Y yo no lo tengo. Se lo quedó mi perro.

SILLA   Necesito que os bajéis todos. (*Se bajan.*) Gracias. Y adiós.

(*La silla echa a volar ante el asombro de todos. Ruido y luces. Desaparece la silla.*)

CARABONITA   ¿Qué hace?

DEDOSLARGOS   ¡Oh, no! ¡Mira!

(*Y señala al* LEÓN.)

KIKO   El león se ha despertado.

DEDOSLARGOS   (*Se esconde detrás de* CARABONITA.) ¿Quién me mandaría a mí meterme a ladrón?

CARABONITA   ¡Calla y haz algo!

(*El* LEÓN *ruge y se acerca a ellos. Los tres retroceden lentamente.*)

KIKO (*A* CARABONITA.) Dispara. ¡Que nos come!

CARABONITA No puedo.

KIKO (*Le arrebata la pistola.*) ¡Trae! (*Dispara y sale un chorrito de agua que moja al* LEÓN, *que se detiene sorprendido.*) ¡Una pistola de agua!

DEDOSLARGOS Ya te dije yo que compráramos una de verdad si querías que fuéramos unos ladrones serios.

CARABONITA No es el momento de discutir, sino de demostrar que tú eres el hombre.

DEDOSLARGOS ¿Que yo demuestre qué?

CARABONITA ¡Que nos defiendas del león! ¡Caramba!

DEDOSLARGOS ¡Defiéndenos tú! ¡Recarambas!

CARABONITA ¡Pero haz algo, gallina cojitranca!

(*El* LEÓN *ruge amenazante.*)

DEDOSLARGOS Ya lo hago.

(*Se pone a gritar.*)

CARABONITA   ¡Cierra el pico, que es peor!

              (*Lo empuja hacia el* LEÓN.)

DEDOSLARGOS   ¡Socorro! ¡Piedad! ¡Auxilio!

              (*El* LEÓN *corre tras él. En ese momento, aparece la silla voladora pilotada por* GARCÍA. *Ante el ruido y las luces, el* LEÓN *se refugia en una esquina de la jaula.*)

GARCÍA   (*Se levanta autoritario de la silla.*) ¡Quieto ahí, león! ¡Eh!

              (*El* LEÓN *ruge amenazante.*)

KIKO   ¡Cuidado, García!

              (KIKO *va en su ayuda.* CARABONITA *y* DEDOSLARGOS *aprovechan para sentarse en la silla.* CARABONITA *manipula sin éxito los mandos de la silla.*)

GARCÍA   No te haremos nada, león... (*Ruge el* LEÓN.) ¿Te gustan los caramelos? Toma. (*Le da un caramelo. El* LEÓN *no lo coge.*) ¿Y los chupa-chups? (*Le tira un chupa-chups. El* LEÓN *lo coge.*) Pruébalo. Está muy bueno.

              (*El* LEÓN *lo prueba y lo chupa con agrado.*)

SILLA   ¡Deja de apretar botones, inútil! ¡Ahora sólo obedezco al mando a distancia!

GARCÍA   ¿Pero qué hacéis?

CARABONITA   Escapar de aquí sin vosotros, imbécil.

GARCÍA   (*Muestra el mando a distancia.*) Sin esto, imposible. ¡O nos vamos todos o ninguno!

                    (*Amenaza con tirar el mando a los pies del* LEÓN, *que ruge con fiereza.* KIKO *y* GARCÍA *corren asustados hacia la silla y se sientan sobre las rodillas de* CARABONITA *y* DEDOSLARGOS.)

CARABONITA   ¡Venga! ¡Vámonos ya!

GARCÍA   (*Mientras manipula el mando.*) ¡A la comisaría de policía!

CARABONITA   ¡Con los polis, no, por favor!

DEDOSLARGOS   ¡A mí, dejarme con el león!

                    (*Pero la silla voladora ya está en camino de la comisaría de policía. Ruidos y luces.*)

Escena 9

En el despacho del Inspector Jefe de policía. *Están* Kiko *y* García. *El cofre de oro, sobre la mesa.*

POLICÍA   Esos dos pillos estarán a la sombra por una
buena temporada. Ya no os molestarán más.

KIKO   Menos mal.

POLICÍA   Carabonita y Dedoslargos son dos famosos ladrones que han robado en muchas
casas de la ciudad. Nos habéis hecho un
gran favor.

GARCÍA   En realidad, no hemos hecho más que defender la silla voladora.

KIKO   Si la llegan a robar, a mi padre le da algo.

POLICÍA   (*A* Kiko.) Muchacho, la policía está orgullosa de ti. No sólo has detenido a estos dos
famosos ladrones, sino que has recuperado el cofre de monedas de oro robado en
el Museo de Antigüedades del Mar.

GARCÍA   Y yo que pensé que nos íbamos a quedar
con el cofre.

POLICÍA   No es posible. El cofre pertenece al Museo y tenemos que devolverlo. Pero os tenemos reservada una sorpresa.

KIKO   (*Alegre.*) ¿Una sorpresa?

POLICÍA   ¿Os gustaría conocer Disneylandia?

KIKO   ¡Claro que sí! Pero...

POLICÍA   Escuchad. Acabo de informar de vuestra hazaña a la alcaldesa de nuestra ciudad...

(*Se calla.*)

KIKO   ¿Pero por qué se calla? Siga, por favor, siga.

POLICÍA   La alcaldesa está muy orgullosa de vosotros.

GARCÍA   (*Impaciente.*) ¿Y?

POLICÍA   Porque gracias a vosotros el Museo ha recuperado el cofre robado y muy pronto podremos detener a los ladrones que lo robaron.

KIKO   Parecían piratas de verdad.

POLICÍA   Siempre que roban se disfrazan de piratas. Se les conoce por el nombre de «La banda de los piratas».

GARCÍA   Princesa parecía muy simpática...

KIKO   Con nosotros ha sido muy buena. Nos dejó escapar.

POLICÍA   Lo tendremos en cuenta. Pero Princesa es cómplice del robo y no creo que pueda librarse de la cárcel.

KIKO   ¿Pero no podrían perdonarla?

POLICÍA   No creo.

GARCÍA   ¿Y nosotros no podríamos hacer nada para ayudarla? (*El* INSPECTOR JEFE DE POLICÍA *niega con la cabeza*.) ¡Es tan guapa!

KIKO   ¡Y muy cariñosa!

GARCÍA   Hasta habíamos pensado que podía casarse con el padre de éste...

POLICÍA   ¿Y el padre de éste? ¿No tiene derecho a opinar?

KIKO   Bueno, sí... Pero es que si la viera, seguro que se enamoraba...

POLICÍA   Dejad tiempo al tiempo y a ver qué dice la justicia. De momento, vosotros vais a ser recompensados por vuestra buena acción.

GARCÍA   ¿Con un viaje a Disneylandia?

POLICÍA   Eso es. La alcaldesa ha decidido recompensaros invitándoos a pasar unas vacaciones en Disneylandia, en compañía de tu padre, Kiko.

KIKO   ¡Yupi!

GARCÍA   ¡Guay del Paraguay!

POLICÍA   Tranquilos, que todavía queda otra sorpresa.

KIKO   ¿Otra?

POLICÍA   (*A* KIKO.) La alcaldesa te impondrá la medalla de héroe de la ciudad por tu valor demostrado en la detención de dos peligrosos ladrones.

KIKO   ¿Héroe yo? ¿Has oído, García?

GARCÍA   Naturalmente que eres un héroe. Te has portado como un héroe, luchando como un valiente por defender la silla de tu padre.

KIKO   Cuando se entere, papá estará orgulloso de mí.

POLICÍA   Y ahora un coche patrulla os llevará a casa.

KIKO   No se olvide de la silla.

POLICÍA   (*Sale con* KIKO *y* GARCÍA.) Anda, vamos para casa, que es muy tarde...

Escena 10

En casa del inventor. Está amaneciendo. la silla voladora está en su sitio. GARCÍA *duerme en el suelo.* KIKO *duerme en un sillón. Entra el* PADRE *con cara de tristeza, se acerca a* KIKO *y le da un beso en la mejilla.*

PADRE   (*En voz baja.*) Duerme, hijo, duerme, que la vida es un pozo de tristezas.

KIKO   (*Se despierta sobresaltado.*) ¡Papá! ¡Qué ganas tenía de verte!

(*Y le da un abrazo.*)

PADRE   Kiko, Kiko, vale ya, ya está bien...

KIKO   ¿Cómo vienes tan tarde? ¡Ya ha amanecido!

GARCÍA   (*Se despierta.*) ¡Qué sueño! ¿Qué hora es?

KIKO   Las ocho de la mañana por lo menos.

PADRE   Después de cenar, estuve tomando una copa. Luego me puse a pasear y a pasear y a pasear...

KIKO   ¿Qué te pasa? ¿Te encuentras mal?

PADRE   Estoy acabado, hijo. No sirvo para nada.

KIKO   ¿Pero qué dices?

PADRE   Que estamos en la ruina.

GARCÍA   No te pongas triste, mi amo. Nosotros tenemos buenas noticias.

KIKO   (*Muy alegre.*) Papá...

PADRE   (*Lo interrumpe.*) No interesan mis inventos.

KIKO   ¡Claro que sí interesan!

PADRE   Me han dicho que me dedique a cosas más provechosas. Nadie confía en mí. Creen que estoy loco.

KIKO   Porque aún no han visto la silla voladora.

PADRE   No quieren ni oírme hablar de ella.

GARCÍA   ¡Pero eso no es posible!

PADRE   Dicen que son imaginaciones, fantasías de un loco... (*Los imita.*) ¡Inventar una silla que vuele! ¡Habráse visto semejante disparate!

KIKO   Demuéstrales a esos idiotas que tu silla funciona.

GARCÍA   ¡Es fabulosa!

PADRE   ¿Qué decís?

GARCÍA   Menuda nochecita hemos pasado, mi amo.

PADRE   No os entiendo.

KIKO   Toda la noche viajando en la silla voladora.

PADRE   No digáis tonterías.

KIKO   De verdad, papá.

GARCÍA   ¡Funciona, mi amo! ¡Y cómo funciona!

PADRE   No intentéis consolarme.

KIKO   Cuando te fuiste, García y yo decidimos probarla y darnos una vueltecita. Queríamos ir a casa de mi amigo Luis... La programamos y...

GARCÍA   Algo falló.

KIKO   En realidad, fui yo, que me confundí y apreté el botón que no debía.

GARCÍA   Total, que aparecimos en la cubierta de un barco pirata.

PADRE   (*Animado y con tono de incredulidad.*) ¿Conque aparecisteis en un barco pirata? ¿Con piratas que tienen un parche en el ojo?

GARCÍA   Sí, señor. Un parche en el ojo y una pata de palo.

KIKO   El Capitán Pirata quería echarnos al mar para que fuéramos la comida de los tiburones. ¡Qué salvaje, papá! Tenías que haberlo visto con aquellos ojos saltones y una cicatriz enorme en la cara... ¡Daba miedo!

GARCÍA   Y con él estaba otro pirata más bruto. El de la pata de palo. ¡Qué tíos tan feos!

PADRE   (*Divirtiéndose.*) ¿Y os echaron al agua?

KIKO   No. Porque nos ayudó Princesa.

PADRE   ¿Quién?

KIKO   La novia del Capitán Pirata.

PADRE   Pero Kiko, las princesas no se enamoran de los piratas.

KIKO   No era una princesa de verdad.

PADRE   ¿Y qué era?

KIKO   Una ladrona muy buena, a la que llamaban Princesa. Te gustará, papá, es muy guapa.

GARCÍA   Habíamos pensado que podías casarte con ella.

PADRE   (*Irónico.*) ¡Qué detalle! Me habéis buscado una novia ladrona. Muchas gracias.

KIKO   De nada.

GARCÍA   Pero lo mejor es lo del tesoro.

KIKO   Es verdad. Sus amigos habían robado un cofre lleno de monedas de oro. ¡Princesa nos lo regaló!

PADRE   (*Irónico.*) ¡Qué generosos!... Y, por cierto, ¿dónde está el tesoro?

KIKO   Tuvimos que dejarlo en la comisaría de policía.

PADRE   ¡Ya! ¿O sea, que también habéis estado en la comisaría?

KIKO   También.

(*El* PADRE *no puede resistirlo más y se echa a reír abiertamente.*)

PADRE   ¡Qué imaginación!

GARCÍA   No te burles, mi amo, que es verdad.

KIKO   Vinieron dos ladrones a casa, Carabonita y Dedoslargos.

PADRE   ¿Aquí? ¿A nuestra casa?

GARCÍA   Querían robar la silla voladora.

PADRE   Tiene gracia. No la quieren los banqueros y vienen unos ladrones a robarla. Pero es divertido. Seguid contándome, ¿qué pasó con los ladrones?

KIKO   Nos peleamos con ellos y en la pelea nos caímos en la silla voladora, que se puso en marcha y nos llevó al interior de la jaula de un león.

PADRE   (*Rugiendo.*) Que de un bocado os comió.

KIKO   No. Porque García apareció en el último momento y pudo salvarnos.

PADRE   Como en las películas... ¡Magnífico!

GARCÍA   ¿No nos crees?

PADRE   Oh, sí. Creo que tenéis una imaginación fuera de lo común. ¿Y qué pasó en la jaula?

KIKO   (*Enfadado.*) ¡Ya no te lo cuento! ¡Estoy enfadado contigo!

PADRE   No seas tonto. Es una historia muy bonita.

KIKO	No es una historia. Es la verdad.
GARCÍA	De verdad, mi amo. Que es verdad.
PADRE	Está bien. Acabad de contármelo todo. ¿Qué pasó luego?
GARCÍA	Que en la jaula programé la silla voladora para ir a parar a la comisaría.
PADRE	¡Toma ya! Y fuisteis directitos a la policía con los ladrones... Como si os estuviera viendo...
GARCÍA	Eso es.
PADRE	Y luego os despertasteis. ¿No es eso?
KIKO	¡Tonto!
	(*Hace ademán de irse.*)
PADRE	(*Lo detiene.*) Espera, no te vayas... Perdona, hijo... Acaba de contármelo.
KIKO	¡No quiero!
PADRE	Kiko, estoy muy cansado... No he dormido nada. Todo me ha salido mal en esta noche...
KIKO	¿Y eso qué importa para creerme?

PADRE   ¿No pretenderás que me crea que esta no-
               che habéis estado viajando en la silla vo-
               ladora y que habéis estado en un barco
               pirata y en una jaula llena de leones?
               Compréndelo, es demasiado.

KIKO   ¡Uno solo! ¡No había más que un león!

PADRE   Bueno, pues un león. ¡Qué más da!

KIKO   No da lo mismo.

PADRE   ¿Y tengo también que creerme que después
               fuisteis a la policía, no?

KIKO   Exactamente.

PADRE   Lo siento. Pero es una historia increíble.

KIKO   Pero cierta.

PADRE   Y además, con la silla.

KIKO   Eso es.

PADRE   Pero la silla no podía funcionar.

GARCÍA   Ah, ¿no? ¿Y por qué no?

PADRE   (*Sacando una llave del bolsillo de su chaque-
               ta.*) Porque conociéndoos como os conoz-
               co, supuse que en mi ausencia querríais
               probar la silla voladora…. Así que la bloqueé

con esta llave de seguridad para que no pudierais ponerla en marcha. ¿Comprendéis? (*Suena el timbre de la puerta.*) ¿Quién será? Ya voy yo.

Escena 11

El PADRE *abre la puerta. Entran la* ALCALDE-SA *y el* INSPECTOR JEFE DE POLICÍA.

PADRE   Buenos días, ¿qué desean?

ALCALDESA   Permítame que me presente. Soy la alcaldesa de la ciudad.

POLICÍA   Y yo el Inspector Jefe de Policía. Usted debe de ser el padre de Kiko, ¿verdad?

PADRE   Así es. ¿Qué sucede?

ALCALDESA   ¡Enhorabuena! Su hijo es un héroe. ¿Dónde está? Quiero felicitarlo personalmente.

PADRE   Pasen, por favor... (*Pensativo.*) Entonces, lo que no funcionó fue la llave del bloqueo... ¡Kiko!

KIKO   ¿Sí?

PADRE   La alcaldesa y el Inspector Jefe de Policía quieren verte.

ALCALDESA   Kiko, quería felicitarte personalmente y agradecerte en nombre de la ciudad lo que habéis hecho tu perro García y tú.

KIKO   Si no hemos hecho nada.

POLICÍA   Tu modestia te honra. (*Al* PADRE.) Su hijo es un héroe, señor. Supongo que ya le habrá contado todas sus hazañas.

PADRE   Precisamente, ahora me las estaba contando...

ALCALDESA   Puede estar orgulloso de su hijo. Con la ayuda de su perro han detenido a dos famosos ladrones y han recuperado el cofre de monedas de oro robado hace un mes en el Museo de Antigüedades del Mar.

KIKO   ¿Y ahora, me crees, papá?

PADRE   (*Lo besa.*) Perdóname, hijo mío... Tenía que haberte creído antes... Pero...

KIKO   (*Ilusionado.*) Entonces, ¿ya me crees?

PADRE   Claro que sí, Kiko. (*Con orgullo.*) ¡Eres un héroe!

KIKO   Tú sí que eres un héroe por haber inventado esta silla voladora. Sin ella nada hubiera sido posible.

GARCÍA   (*Al público.*) Menos mal que han vuelto a hacer las paces, porque al final el que paga los platos rotos soy yo.

ALCALDESA   (*Saca una medalla.*) Kiko, tengo el honor de imponerte la «Medalla de Héroe» de nuestra ciudad. ¡Enhorabuena!

KIKO   Gracias, alcaldesa.

ALCALDESA   Y además, como ya sabrás, tu padre, tu perro y tú estáis invitados por el ayuntamiento a pasar un mes de vacaciones en Disneylandia.

KIKO   Lo pasaremos en grande, papá.

POLICÍA   Una cosa más. (*Al* PADRE.) Como Inspector Jefe de Policía, debo comunicarle que su invento de la silla voladora nos sería muy útil para nuestro trabajo. Con su silla podríamos capturar a todos los ladrones. ¿Está dispuesto a vendernos la patente de su fabricación?

PADRE   ¿Que les venda la patente?

POLICÍA   Le haremos una buena oferta, naturalmente.

PADRE   (*Muy contento.*) ¿Has oído, Kiko? ¡Confían en la silla voladora!

GARCÍA   Pues claro que sí.

PADRE   Tendré que perfeccionar la llave de bloqueo...

KIKO   Eres formidable, papá.

POLICÍA   (*Al* PADRE.) Entonces, le espero esta tarde en mi despacho para estudiar nuestra oferta y firmar el contrato si está de acuerdo..

PADRE   Y todo por ti, Kiko. ¡Dame un abrazo! (*Se dan un abrazo.*) Y también por ti, García. ¡Gracias a los dos! ¡Oh, qué feliz soy!

(*Y con una canción-resumen acaba la silla voladora.*)

TODOS   ¡Oh, qué felices estamos!
A todos los sitios vamos
con la silla voladora
con sólo decir: ¡ahora!

KIKO   Mil aventuras soñé.
A un barco pirata fui.
Con un ladrón discutí
y de un león escapé.

PADRE   Ha sido tan colosal,
ha sido fenomenal,
así poder inventar
una silla especial,
la silla para volar,
siempre de aquí para allá,
siempre de aquí para allá,
¡vamos todos a volar!

TODOS   ¡Vamos todos a volar!
¡Siempre de aquí para allá,
siempre de aquí para allá!
¡Vamos todos a volar!

GARCÍA   Basta con apretar
cualquier botón,
cualquier botón,
y todos...¡a volar!

POLICÍA   Mil aventuras podré correr
con vuestra silla voladora.
De mil problemas os salvaré
con vuestra silla voladora.
A mil ladrones apresaré
con vuestra silla voladora.

TODOS   ¡Vamos todos a volar!
¡Siempre de aquí para allá,
siempre de aquí para allá!
¡Vamos todos a volar!

GARCÍA   Basta con apretar.

KIKO   Cualquier botón.

PADRE   Cualquier botón.

TODOS   Y todos...¡a volar!

            (*Cae el telón.*)

            Fin

Esta primera edición de *La silla voladora*,
de Eduardo Galán, terminó de imprimirse
en junio de dos mil veinticinco,
en Madrid.